Impressum
Verlag: BABADADA GmbH, Nedderfeld 112 , 22529 Hamburg
Geschäftsführer / Verlagsleitung: Harald Hof
Druck: Books on Demand GmbH, In de Tarpen 42, 22848 Norderstedt

Imprint
Publisher: BABADADA GmbH, Nedderfeld 112 , 22529 Hamburg, Germany
Managing Director / Publishing direction: Harald Hof
Print: Books on Demand GmbH, In de Tarpen 42, 22848 Norderstedt

iskola

school

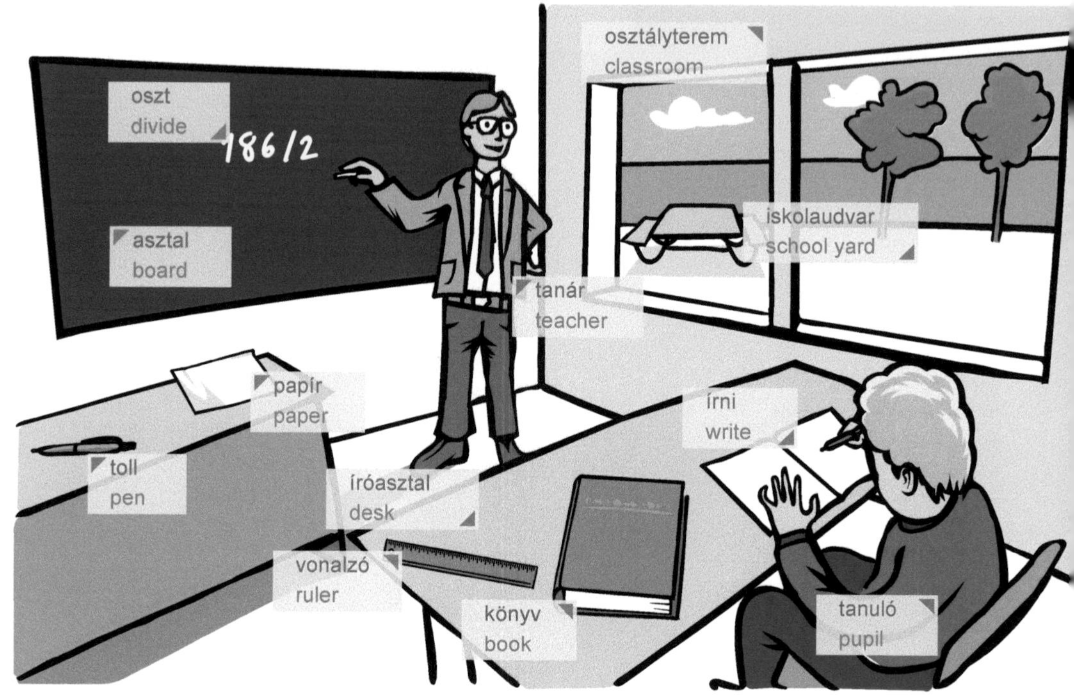
osztályterem
classroom
oszt
divide
186/2
asztal
board
iskolaudvar
school yard
tanár
teacher
papír
paper
írni
write
toll
pen
íróasztal
desk
vonalzó
ruler
könyv
book
tanuló
pupil

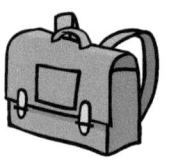

iskolatáska

satchel

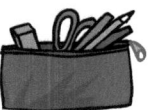

tolltartó

pencil case

ceruza

pencil

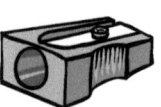

ceruzahegyező

pencil sharpener

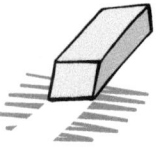

radír

rubber

rajzfüzet

drawing pad

rajz

drawing

ecset

paintbrush

festőkészlet

paint box

olló

scissors

ragasztó

glue

munkafüzet

exercise book

házi feladat

homework

szám

number

összead

add

kivon

subtract

szoroz

multiply

számol

calculate

betű

letter

ABC

alphabet

szó

word

szöveg

text

olvasni

read

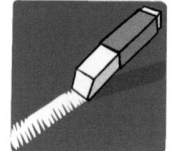

kréta

chalk

tanóra

lesson

napló

register

vizsga

examination

bizonyítvány

certificate

iskolai egyenruha

school uniform

oktatás

education

enciklopédia

encyclopedia

egyetem

university

mikroszkóp

microscope

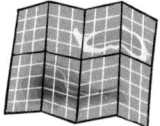

térkép

map

papír-hulladék gyűjtő

waste-paper basket

iskola - school

utazás
travel

hotel
hotel
Grand
szállás
hostel
ROOMS
valutaváltó iroda
currency exchange office
bőrönd
suitcase
autó
car

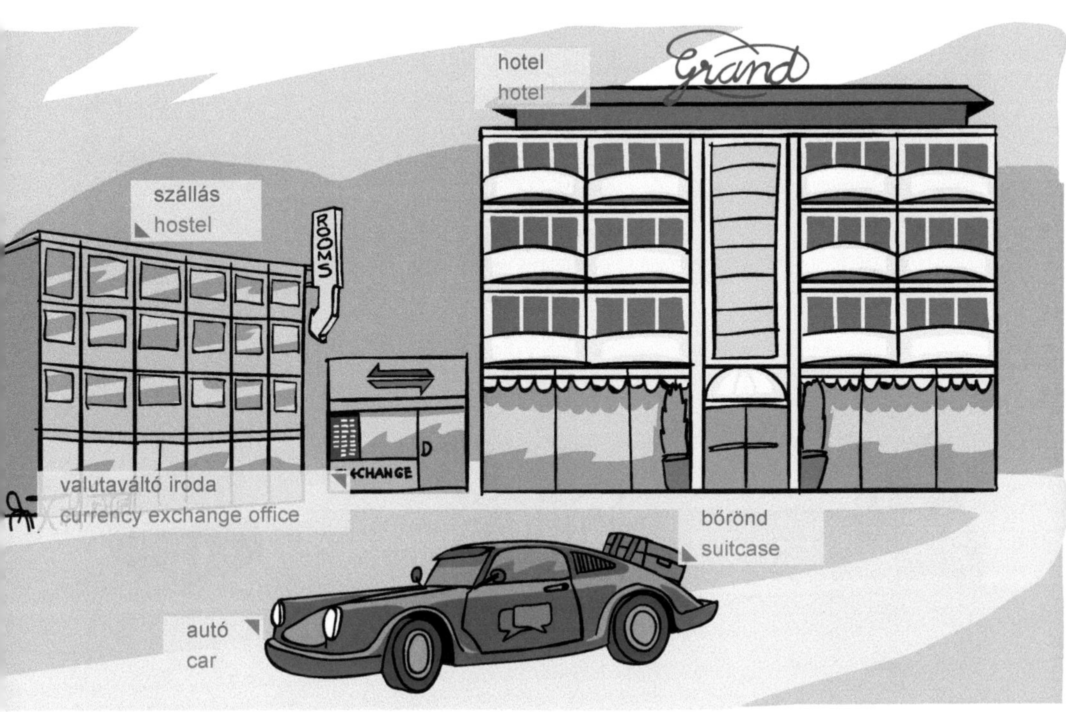

nyelv

language

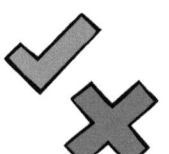

igen/nem

yes / no

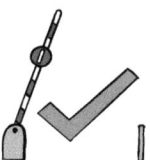

rendben

Okay

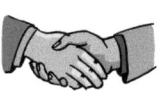

szia

hello

fordító

translator

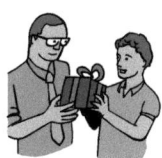

köszönöm

Thank you

mennyibe kerül...?

how much is...?

nem értem

I don´t get it

probléma

problem

Jó estét!

Good evening!

jó reggelt!

Good morning!

jó éjszakát!

Good night!

viszontlátásra

goodbye

útirány

direction

poggyász

luggage

táska

bag

hátizsák

backpack

vendég

guest

szoba

room

hálózsák

sleeping bag

sátor

tent

turista információ

tourist information

strand

beach

hitelkártya

credit card

reggeli

breakfast

ebéd

lunch

vacsora

dinner

jegy

Ticket

lift

elevator

bélyeg

stamp

határ

border

vám

customs

nagykövetség

embassy

vízum

visa

útlevél

passport

utazás - travel

közlekedés

transport

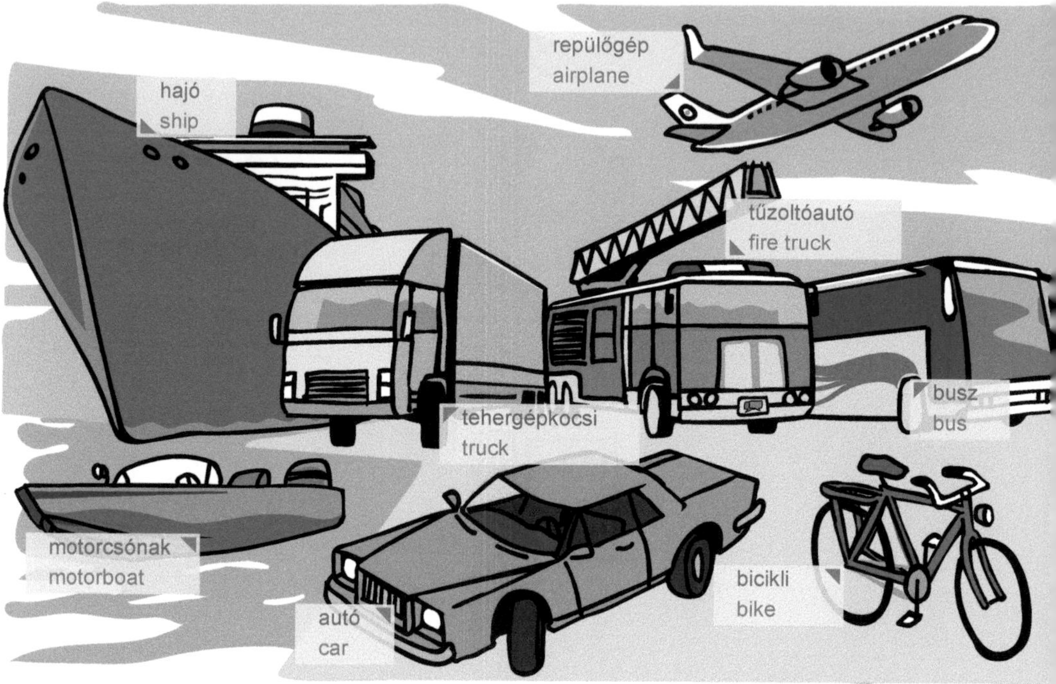

hajó
ship
repülőgép
airplane
tűzoltóautó
fire truck
tehergépkocsi
truck
busz
bus
motorcsónak
motorboat
autó
car
bicikli
bike

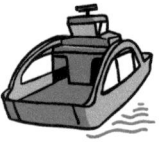

komp

ferry

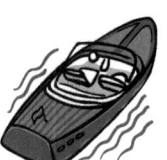

csónak

boat

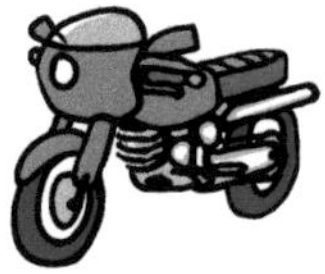

motorkerékpár

motorbike

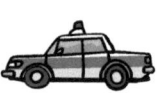

rendőrautó

police car

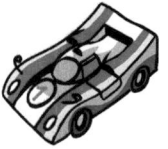

versenyautó

racing car

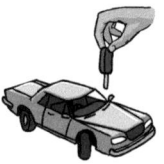

bérautó

rental car

telekocsi

car sharing

vontató

tow truck

szemetes autó

garbage truck

motor

engine

üzemanyag

fuel

benzinkút

fuel station

közlekedési tábla

traffic sign

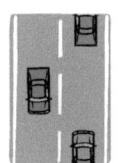

forgalom

traffic

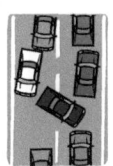

forgalmi dugó

traffic jam

parkoló

parking lot

vonatállomás

train station

sínek

tracks

vonat

train

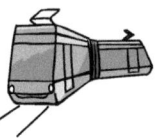

villamos

tram

vagon

wagon

helikopter
helicopter

repülőtér
airport

torony
tower

utas
passenger

konténer
container

kartondoboz
carton

taliga
cart

kosár
basket

felszáll / leszáll
take off / land

város
city

falu
village

városközpont
city center

ház
house

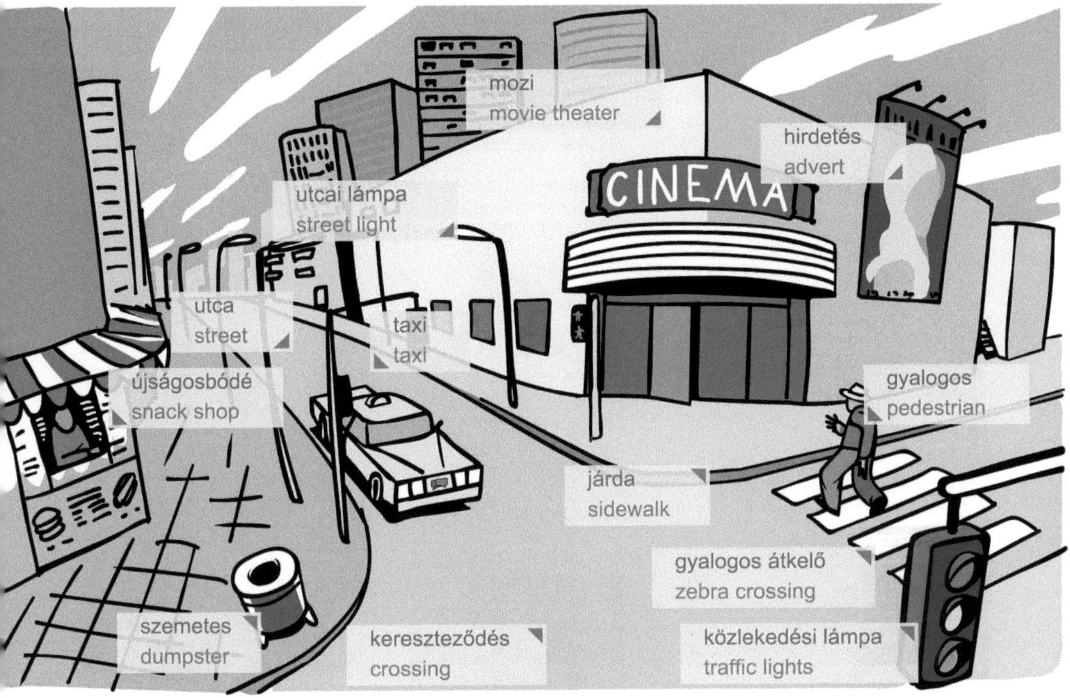

mozi
movie theater

hirdetés
advert

utcai lámpa
street light

CINEMA

utca
street

taxi
taxi

újságosbódé
snack shop

gyalogos
pedestrian

járda
sidewalk

gyalogos átkelő
zebra crossing

szemetes
dumpster

kereszteződés
crossing

közlekedési lámpa
traffic lights

kunyhó

hut

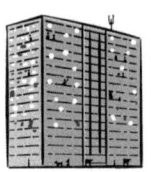

lakás

apartment

vonatállomás

train station

városháza

city hall

múzeum

museum

iskola

school

egyetem

university

bank

bank

kórház

hospital

hotel

hotel

gyógyszertár

pharmacy

iroda

office

könyvesbolt

book shop

üzlet

shop

virágüzlet

flower shop

szupermarket

supermarket

piac

market

áruház

department store

halárus

fishmonger's shop

bevásárló központ

mall

kikötő

harbor

park

park

pad

bench

híd

bridge

lépcső

stairs

metró

subway

alagút

tunnel

buszmegálló

bus stop

bár

bar

étterem

restaurant

postaláda

postbox

utcatábla

street sign

parkoló óra

parking meter

állatkert

zoo

uszoda

swimming pool

mecset

mosque

gazdálkodás
farm

környezetszennyezés
pollution

temető
cemetery

templom
church

játszótér
playground

szentély
temple

táj
landscape

levél
leaf

útjelző tábla
signpost

út
path

rét
meadow

kő
stone

túrázó
hiker

fa
tree

folyó
river

fű
grass

virág
flower

völgy

valley

domb

hill

tó

lake

erdő

forest

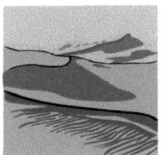

sivatag

desert

vulkán

volcano

kastély

castle

szivárvány

rainbow

gomba

mushroom

pálmafa

palm tree

szúnyog

mosquito

légy

fly

hangya

ant

méhecske

bee

pók

spider

bogár

beetle

béka

frog

mókus

squirrel

sündisznó

hedgehog

nyúl

hare

bagoly

owl

madár

bird

hattyú

swan

vaddisznó

boar

szarvas

deer

rénszarvas

moose

gát

dam

szélturbina

wind turbine

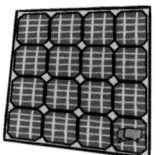

napelem

solar panel

éghajlat

climate

étterem
restaurant

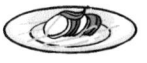

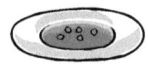

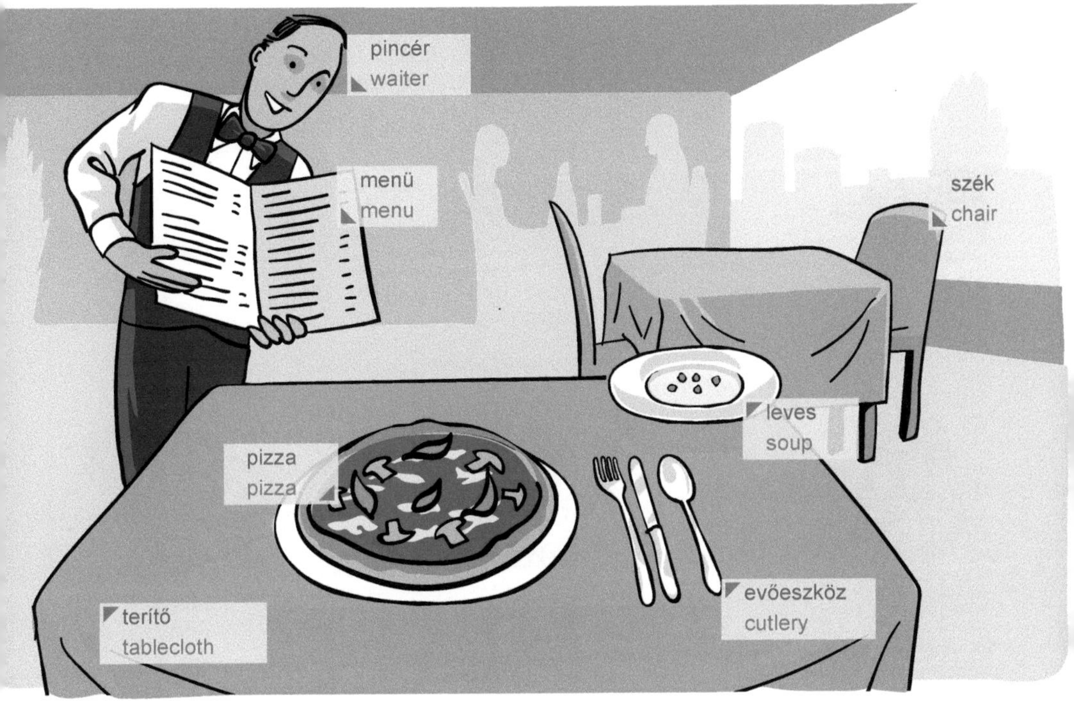

pincér
waiter
menü
menu
szék
chair
leves
soup
pizza
pizza
terítő
tablecloth
evőeszköz
cutlery

előétel

starter

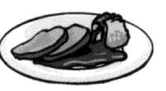

főétel

main course

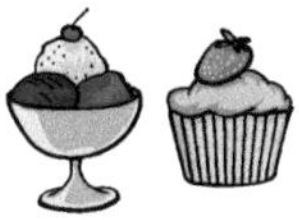

desszert

dessert

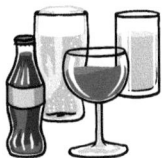

italok

drinks

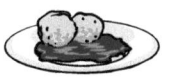

étel

food

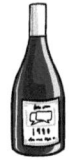

üveg

bottle

gyorsétel

fast food

gyorsétel

street food

teás kanna

teapot

cukortartó

sugar bowl

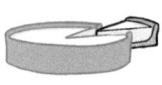

adag

portion

eszpresszógép

espresso machine

bárszék

high chair

számla

bill

tálca

tray

kés

knife

villa

fork

kanál

spoon

teáskanál

teaspoon

szalvéta

serviette

pohár

glass

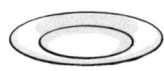

tányér

plate

leveses tányér

soup plate

csészealj

saucer

szósz

sauce

sószóró

salt shaker

borsőrlő

pepper mill

ecet

vinegar

étkezési olaj

oil

fűszerek

spices

ketchup

ketchup

mustár

mustard

majonéz

mayonnaise

szupermarket
supermarket

különleges ajánlat
special offer
FOR
ügyfél
customer
tejtermék
dairy products
gyümölcsök
fruit
bevásárló kocsi
shopping cart

BUTCHERS

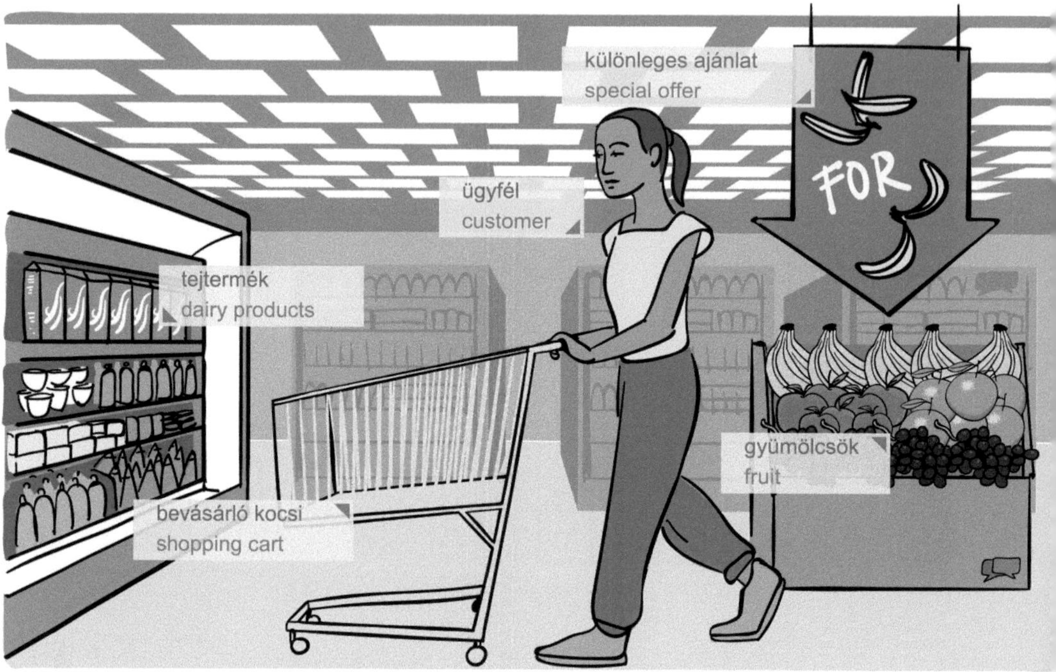

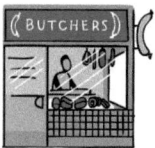

hentes

butcher's shop

BAKERY

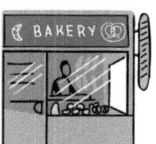

pékség

bakery

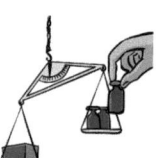

nyom valamennyit

weigh

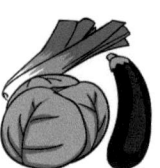

zöldség

vegetables

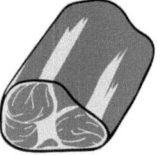

hús

meat

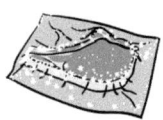

fagyasztott áru

frozen food

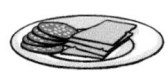

felvágott
cold cuts

konzerv
canned food

mosópor
detergent

édességek
candy

háztartási termék
household products

tisztítószerek
cleaning products

eladó
sales representative

pénztárgép
cash register

eladó
cashier

bevásárló lista
shopping list

nyitva tartás
opening hours

levéltárca
wallet

hitelkártya
credit card

zacskó
bag

műanyag zacskó
plastic bag

víz

water

gyümölcslé

juice

tej

milk

kóla

coke

bor

wine

sör

beer

alkohol

alcohol

kakaó

cocoa

tea

tea

kávé

coffee

eszpresszó

espresso

kapucsínó

cappuccino

banán

banana

alma

apple

narancs

orange

sárgadinnye

melon

citrom

lemon

sárgarépa

carrot

fokhagyma

garlic

bambusz

bamboo

hagyma

onion

gomba

mushroom

magvak

nuts

nokedli

noodles

spagetti

spaghetti

rizs

rice

saláta

salad

sült krumpli

fries

sült burgonya

fried potatoes

pizza

pizza

hamburger

hamburger

szendvics

sandwich

hússzelet

escalope

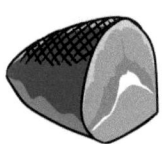

sonka

ham

szalámi

salami

kolbász

sausage

csirke

chicken

pecsenye

roast

hal

fish

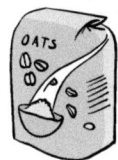

zabkása

porridge oats

müzli

muesli

kukoricapehely

cornflakes

liszt

flour

croissant

croissant

zsemle

bread roll

kenyér

bread

pirítós kenyér

toast

keksz

cookies

vaj

butter

túró

curd

sütemény

cake

tojás

egg

tükörtojás

fried egg

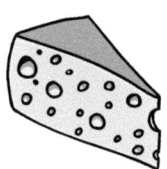

sajt

cheese

jégkrém

ice cream

cukor

sugar

méz

honey

lekvár

jelly

mogyorókrém

nougat cream

curry

curry

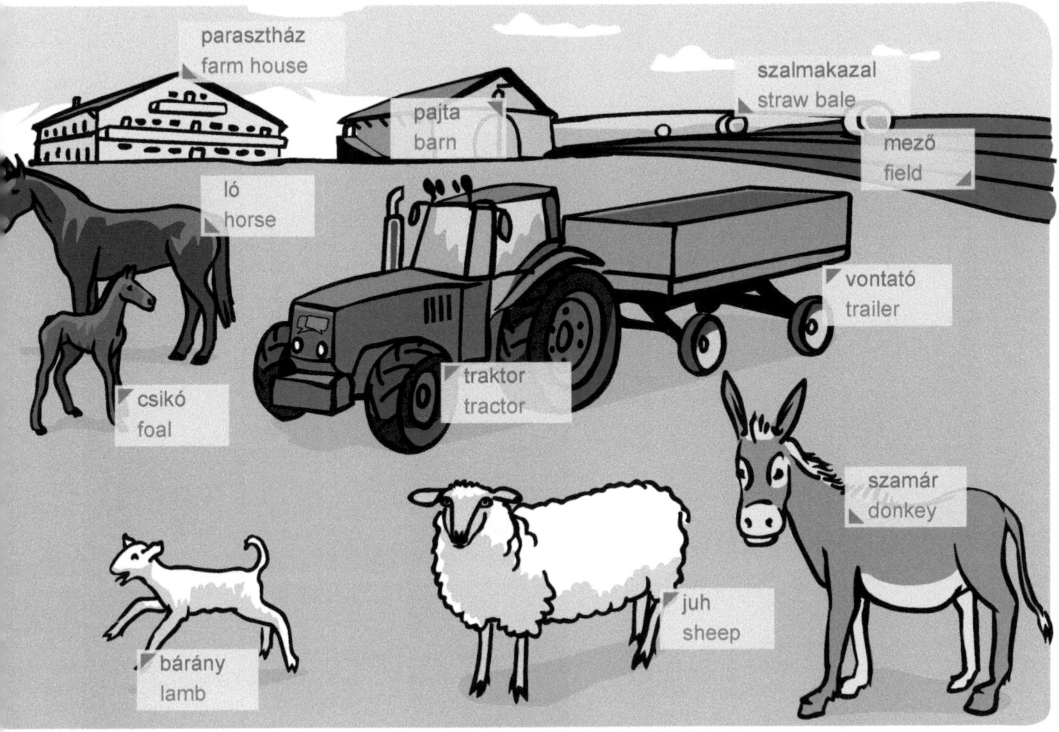

parasztház
farm house

szalmakazal
straw bale

pajta
barn

mező
field

ló
horse

vontató
trailer

csikó
foal

traktor
tractor

szamár
donkey

bárány
lamb

juh
sheep

kecske
goat

tehén
cow

borjú
calf

malac
pig

kismalac
piglet

bika
bull

liba

goose

kacsa

duck

csibe

chick

tojó

hen

kakas

cockerel

patkány

rat

macska

cat

egér

mouse

ökör

ox

kutya

dog

kutyaház

dog house

kerti öntözőcső

garden hose

öntözőkanna

watering can

kasza

scythe

eke

plow

gazdálkodás - farm

sarló
sickle

kapa
hoe

vasvilla
pitchfork

fejsze
axe

talicska
pushcart

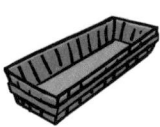

teknő
trough

tejes kancsó
milk can

zsák
sack

kerítés
fence

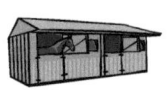

istálló
stable

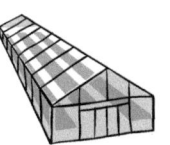

üvegház
greenhouse

talaj
soil

vetőmag
seed

trágya
fertilizer

cséplőgép
combine harvester

szüretelni

harvest

betakarítás

harvest

yamgyökér

yams

búza

wheat

szója

soya

burgonya

potato

kukorica

corn

repcemag

rapeseed

gyümölcsfa

fruit tree

manióka

manioc

gabona

grain

ház
house

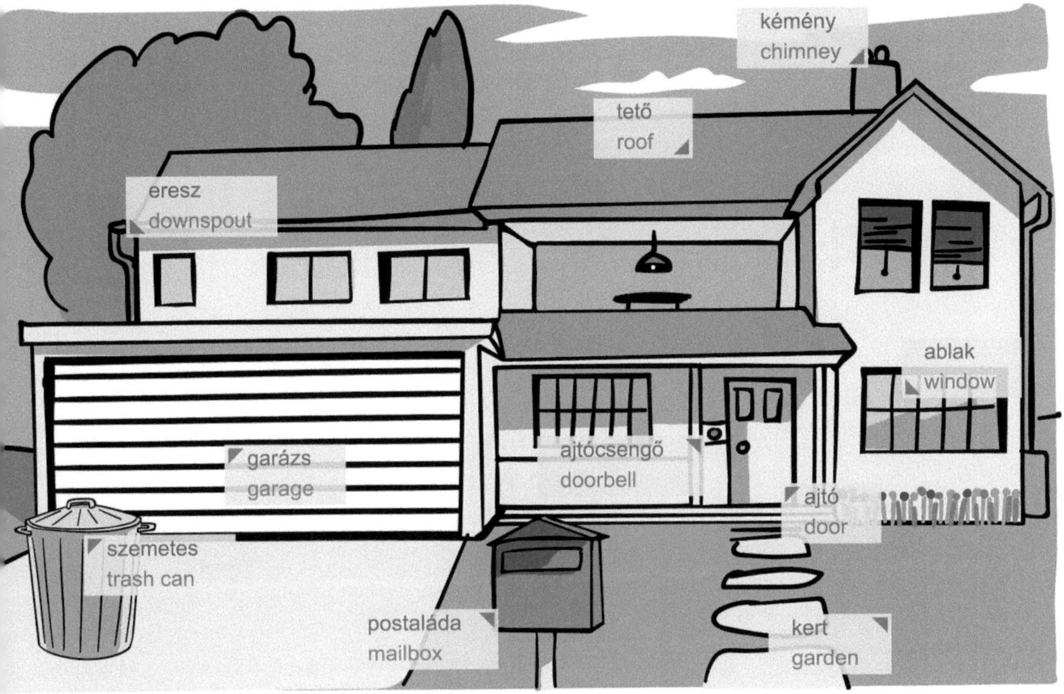
kémény
chimney
tető
roof
eresz
downspout
ablak
window
garázs
garage
ajtócsengő
doorbell
ajtó
door
szemetes
trash can
postaláda
mailbox
kert
garden

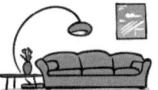

nappali

living room

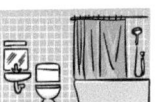

fürdőszoba

bathroom

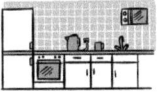

konyha

kitchen

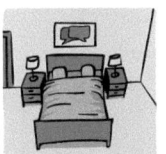

hálószoba

bedroom

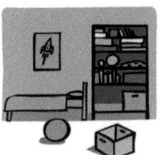

gyerekszoba

kids room

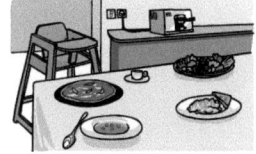

ebédlő

dining room

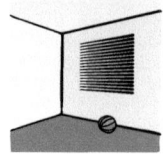

padló
floor

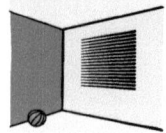

fal
wall

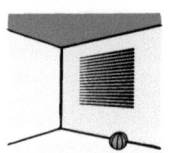

plafon
ceiling

pince
cellar

szauna
sauna

erkély
balcony

terasz
terrace

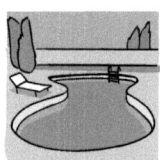

medence
pool

fűnyíró
lawn mower

lepedő
sheet

ágytakaró
bedspread

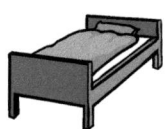

ágy
bed

seprű
broom

vödör
bucket

kapcsoló
switch

nappali
living room

tapéta
wallpaper
kép
picture
lámpa
lamp
polc
shelf
szekrény
cabinet
televízió
television
kandalló
fireplace
virág
flower
párna
cushion
kanapé
sofa
váza
vase
távirányító
remote control

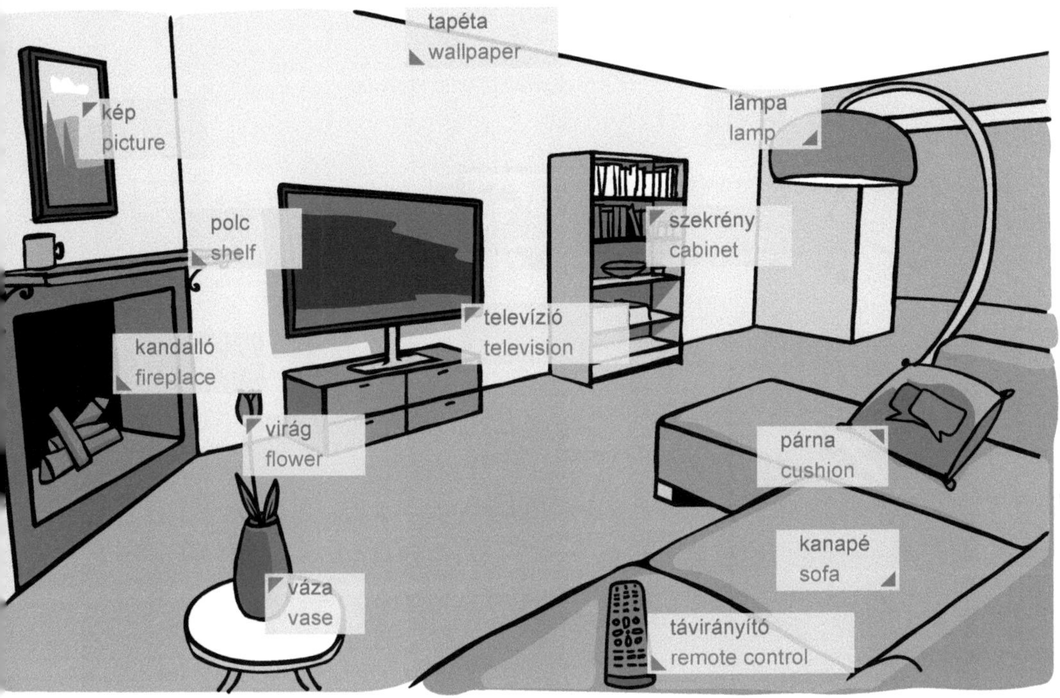

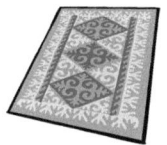

szőnyeg

carpet

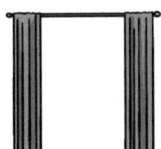

függöny

drape

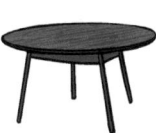

asztal

table

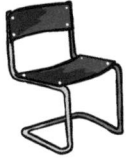

szék

chair

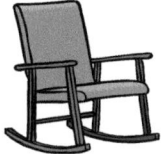

hintaszék

rocking chair

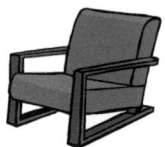

karosszék

armchair

könyv

book

takaró

blanket

dekoráció

decoration

tűzifa

firewood

film

film

hifi

stereo system

kulcs

key

újság

newspaper

festmény

painting

poszter

poster

rádió

radio

jegyzetfüzet

notebook

porszívó

vacuum cleaner

kaktusz

cactus

gyertya

candle

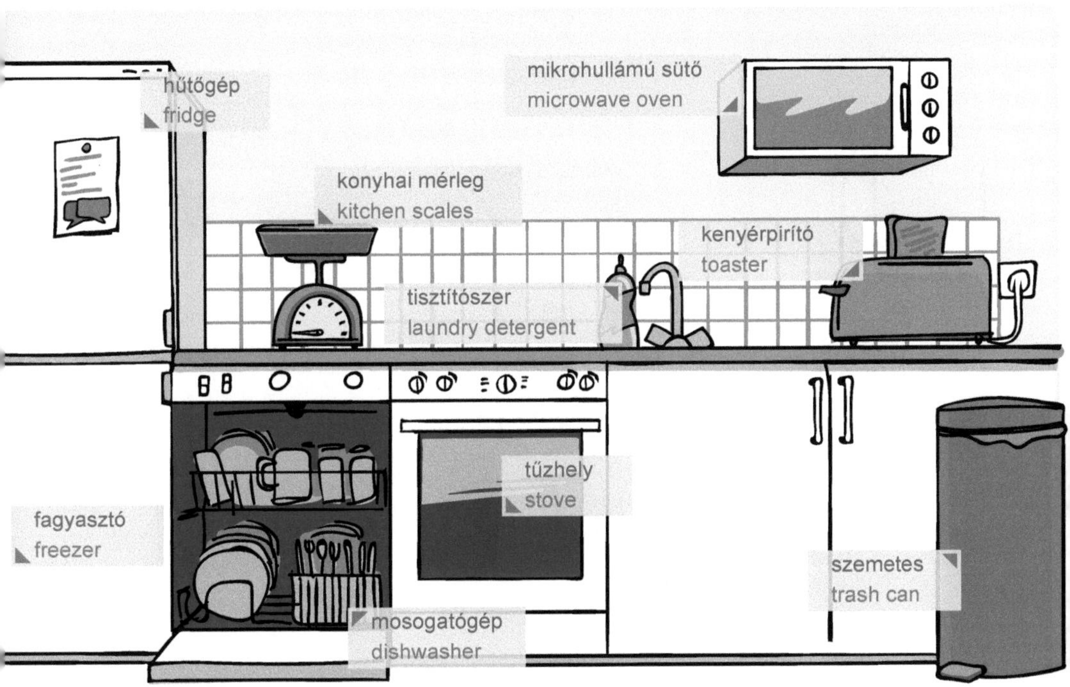

hűtőgép
fridge

mikrohullámú sütő
microwave oven

konyhai mérleg
kitchen scales

kenyérpirító
toaster

tisztítószer
laundry detergent

fagyasztó
freezer

tűzhely
stove

szemetes
trash can

mosogatógép
dishwasher

tűzhely	edény	vasfazék
cooker	pot	cast-iron pot
	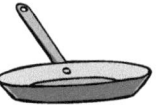	
wok / kadai	serpenyő	vízforraló
wok / kadai	pan	kettle

páró ló

steamer

tepsi

baking tray

étkészlet

crockery

bögre

mug

tálka

bowl

evőpálcika

chopsticks

merőkanál

ladle

keverőlapátka

spatula

habverő

whisk

szűrő

strainer

szita

sieve

reszelő

grater

mozsár

mortar

grillsütő

barbecue

kandalló

fireplace

vágódeszka

chopping board

sodrófa

rolling pin

dugóhúzó

corkscrew

doboz

can

konzervnyitó

can opener

edényfogó

oven cloth

mosogató

sink

kefe

brush

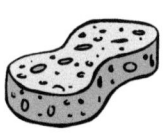

szivacs

sponge

turmixgép

blender

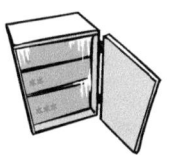

mélyhűtő

deep freezer

cumisüveg

baby bottle

csap

tap

fürdőszoba
bathroom

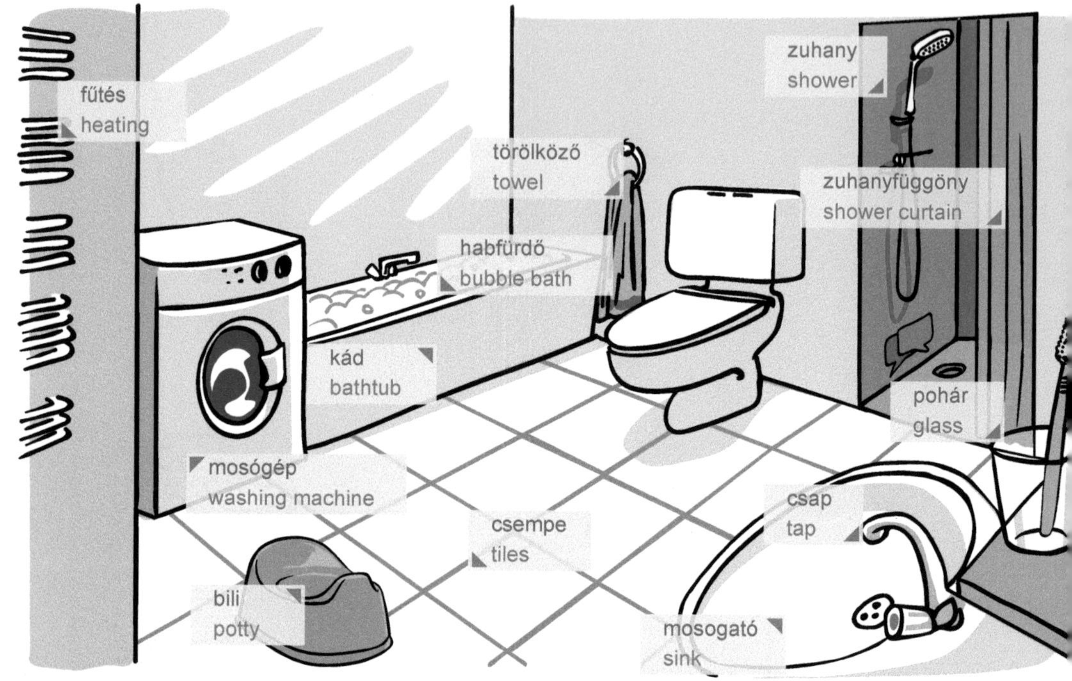

fűtés
heating
zuhany
shower
törölköző
towel
zuhanyfüggöny
shower curtain
habfürdő
bubble bath
kád
bathtub
pohár
glass
mosógép
washing machine
csap
tap
csempe
tiles
bili
potty
mosogató
sink

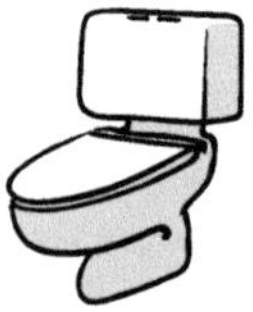

toalett

toilet

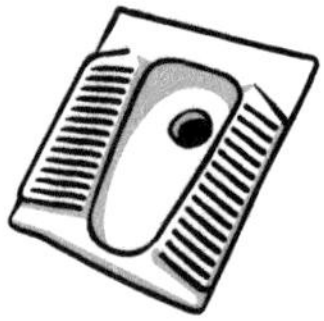

guggolós toalett

squat toilet

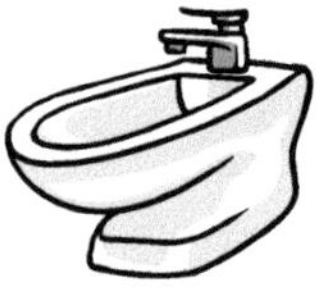

bidé

bidet

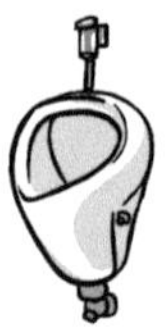

piszoár

urinal

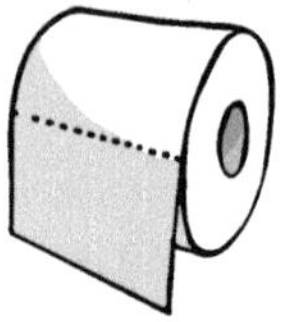

toalett papír

toilet paper

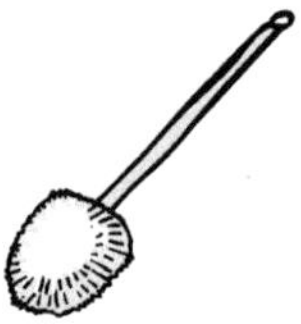

wc kefe

toilet brush

fogkefe

toothbrush

fogkrém

toothpaste

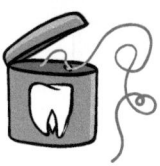

fogselyem

dental floss

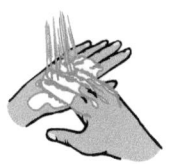

mosni

wash

kézi zuhany

hand shower

intimzuhany

douche

mosdótál

basin

hátmosó kefe

back brush

szappan

soap

tusfürdő

shower gel

sampon

shampoo

mosdókesztyű

flannel

lefolyó

drain

krém

creme

dezodor

deodorant

tükör

mirror

kézitükör

hand mirror

borotva

razor

borotvahab

shaving foam

borotválkozás utáni arcszesz

aftershave

fésű

comb

hajkefe

brush

hajszárító

hair-dryer

hajlakk

hairspray

smink

makeup

ajakrúzs

lipstick

körömlakk

nail varnish

vatta

cotton wool

körömvágó olló

nail scissors

parfüm

perfume

neszesszer

washbag

sámli

stool

mérleg

weighing scales

köntös

bathrobe

gumikesztyű

rubber gloves

tampon

tampon

egészségügyi betét

sanitary towel

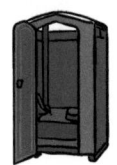

vegyi WC

chemical toilet

gyerekszoba
kids room

ébresztő óra
alarm clock
plüssállat
cuddly toy
játékautó
toy car
csörgő
rattle
babaház
doll's house
ajándék
present

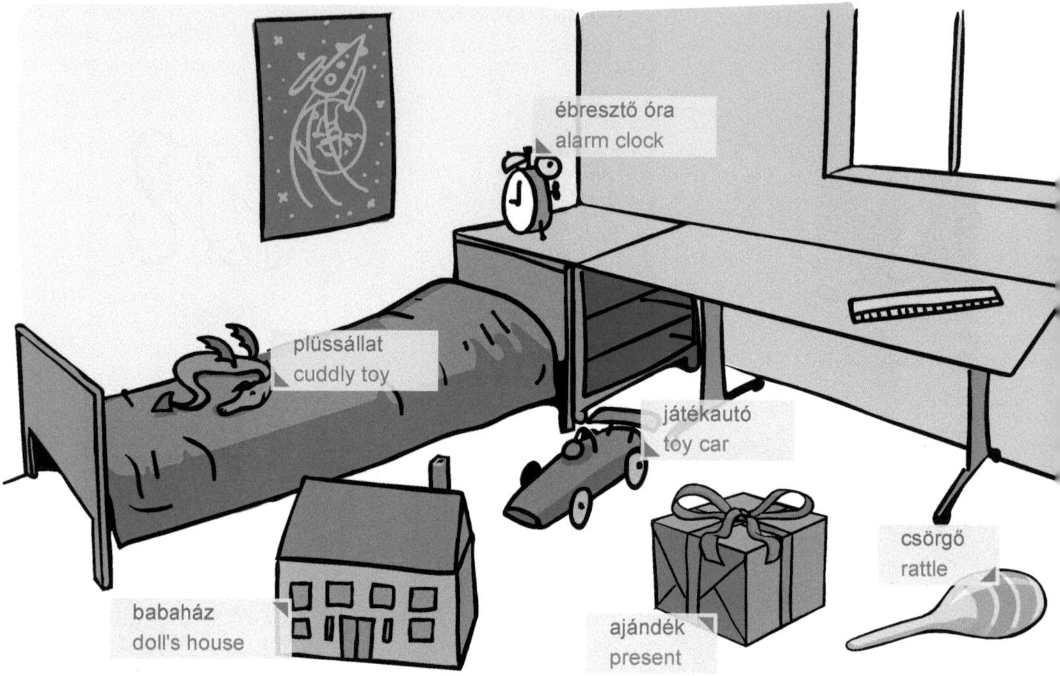

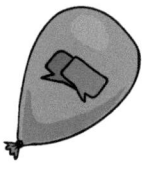

lufi

balloon

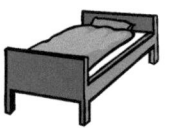

ágy

bed

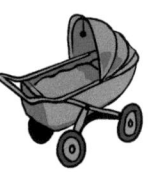

babakocsi

stroller

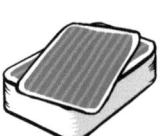

kártyapakli

deck of cards

kirakós játék

jigsaw

SUPER
MEGA

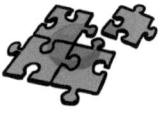

képregény

comic

építőkockák

lego bricks

építőelem

toy blocks

szuperhős

action figure

rugdalózó

romper suit

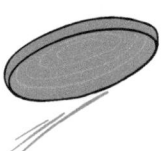

frizbi

frisbee

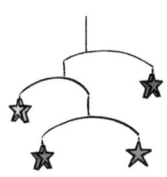

zenélő forgó

mobile

társasjáték

board game

kocka

dice

modellvasút

model train set

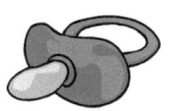

cumi

pacifier

zsúr

party

képeskönyv

picture book

labda

ball

baba

doll

játszani

play

homokozó

sandpit

hinta

swing

játékok

toys

videójáték konzol

video game console

tricikli

tricycle

teddi maci

teddy bear

ruhásszekrény

wardrobe

ruházat
clothing

zokni

socks

harisnya

stockings

harisnyanadrág

tights

sál
scarf

esernyő
umbrella

póló
t-shirt

öv
belt

csizma
boots

papucs
slippers

tornacipő
sneakers

szandál
sandals

cipő
shoes

gumicsizma
rubber boots

alsónadrág
underwear

melltartó
bra

mellény
undershirt

body
body

nadrág
pants

farmer
jeans

szoknya
skirt

blúz
blouse

ing
shirt

pulóver
pullover

kapucnis pulóver
sweater

blézer
blazer

dzseki
jacket

kabát
coat

esőkabát
raincoat

kosztüm
costume

ruha
dress

esküvői ruha
wedding dress

öltöny

suit

hálóing

nightgown

pizsama

pajamas

szári

sari

fejkendő

headscarf

turbán

turban

burka

burka

kaftán

kaftan

abaya

abaya

fürdőruha

swimsuit

fürdőnadrág

trunks

rövidnadrág

shorts

tréningruha

tracksuit

kötény

apron

kesztyű

gloves

ruházat - clothing

gomb

button

szemüveg

glasses

karkötő

bracelet

nyaklánc

necklace

gyűrű

ring

fülbevaló

earring

sapka

cap

vállfa

coat hanger

kalap

hat

nyakkendő

tie

cipzár

zip

bukósisak

helmet

nadrágtartó

braces

iskolai egyenruha

school uniform

egyenruha

uniform

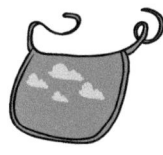

előke

bib

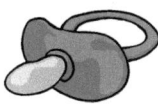

cumi

pacifier

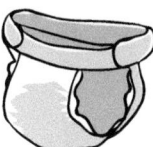

pelenka

diaper

iroda
office

szerver
server
irattartó szekrény
filing cabinet
papír
paper
nyomtató
printer
képernyő
monitor
íróasztal
desk
egér
mouse
mappa
folder
billentyűzet
keyboard
papír-hulladék gyűjtő
waste-paper basket
számítógép
computer
szék
chair

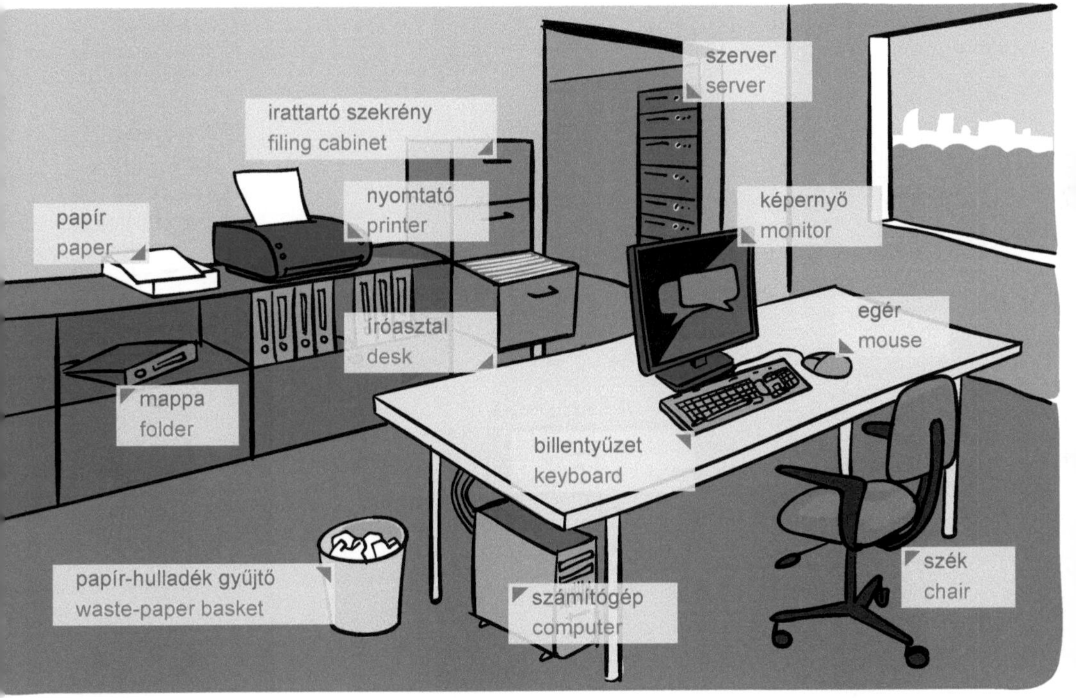

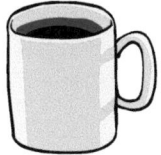

kávéscsésze

coffee mug

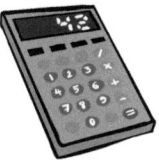

számológép

calculator

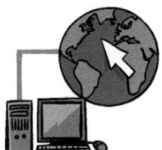

internet

internet

laptop

laptop

levél

letter

üzenet

message

mobiltelefon

cell phone

hálózat

network

fénymásoló

photocopier

szoftver

software

telefon

telephone

konnektor

plug socket

faxgép

fax machine

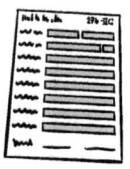

formanyomtatvány

form

dokumentum

document

venni

buy

fizetni

pay

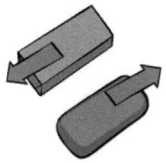

kereskedni

trade

pénz

money

dollár

dollar

euró

euro

jen

yen

rubel

rouble

svájci frank

Swiss franc

kínai jüan

renminbi yuan

rúpia

rupee

bankautomata

cash point

valutaváltó iroda

currency exchange office

arany

gold

ezüst

silver

olaj

oil

energia

energy

ár

price

szerződés

contract

adó

tax

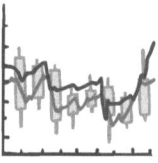

részvény

stock

dolgozni

work

munkavállaló

employee

munkaadó

employer

gyár

factory

üzlet

shop

foglalkozások
occupations

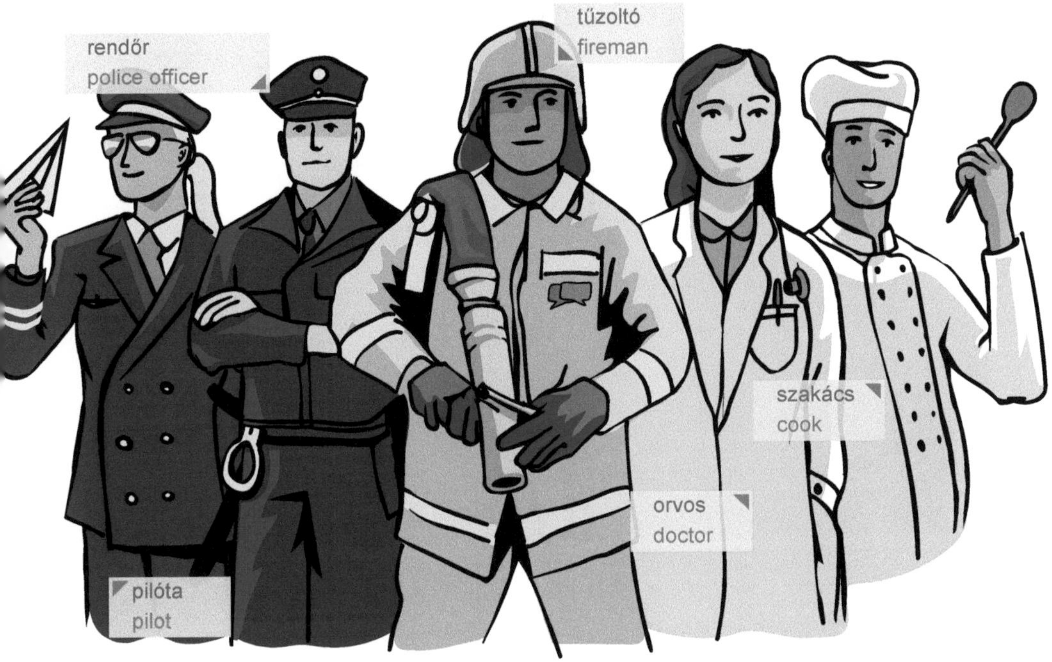

rendőr
police officer
tűzoltó
fireman
szakács
cook
orvos
doctor
pilóta
pilot

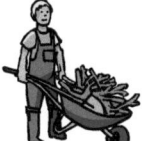

kertész

gardener

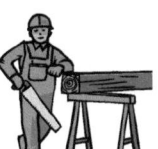

kárpitos

carpenter

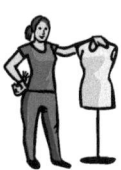

varrónő

seamstress

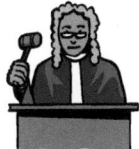

bíró

judge

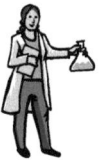

vegyész

chemist

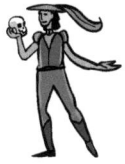

színész

actor

buszsofőr

bus driver

taxisofőr

taxi driver

halász

fisherman

bejárónő

cleaning lady

tetőfedő

roofer

pincér

waiter

vadász

hunter

festő

painter

pék

baker

villanyszerelő

electrician

építőmunkás

builder

mérnök

engineer

hentes

butcher

vízvezeték-szerelő

plumber

postás

postman

katona

soldier

építész

architect

eladó

cashier

virágos

florist

fodrász

hairdresser

kalauz

conductor

műszerész

mechanic

kapitány

captain

fogorvos

dentist

tudós

scientist

rabbi

rabbi

imám

imam

szerzetes

monk

lelkész

pastor

szerszámok

tools

kalapács
hammer
fogó
pliers
csavarhúzó
screwdriver
csavarkulcs
wrench
elemlámpa
torch

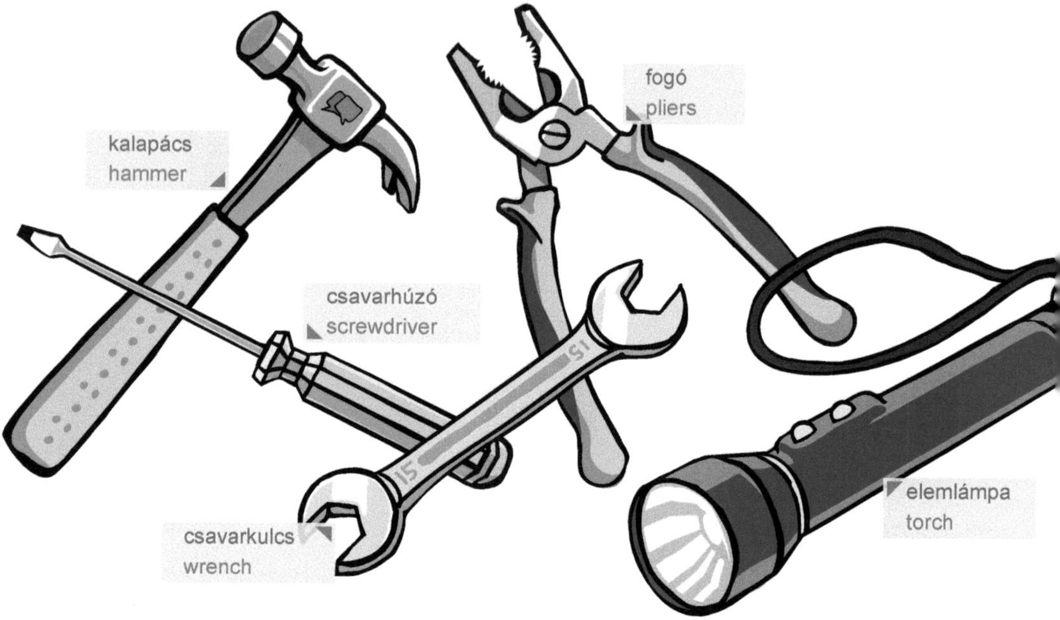

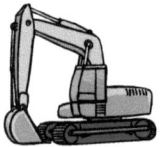

markológép

excavator

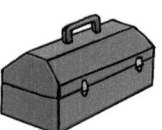

szerszámosláda

toolbox

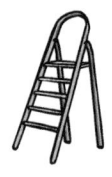

vödör

ladder

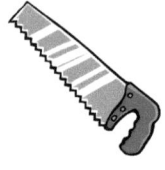

fűrész

saw

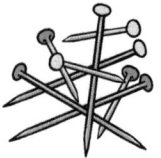

szög

nails

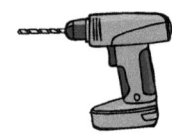

fúrógép

drill

megjavítani

repair

lapát

shovel

A francba!

Damn!

szemétlapát

dustpan

festékesdoboz

paint can

csavar

screws

hangszerek
musical instruments

hangszóró
loud speaker

dobfelszerelés
drum set

gitár
guitar

nagybőgő
double bass

trombita
trumpet

zongora

piano

hegedű

violin

basszusgitár

bass

üstdob

timpani

dobok

drums

digitális zongora

keyboard

szaxofon

saxophone

fuvola

flute

mikrofon

microphone

állatkert

zoo

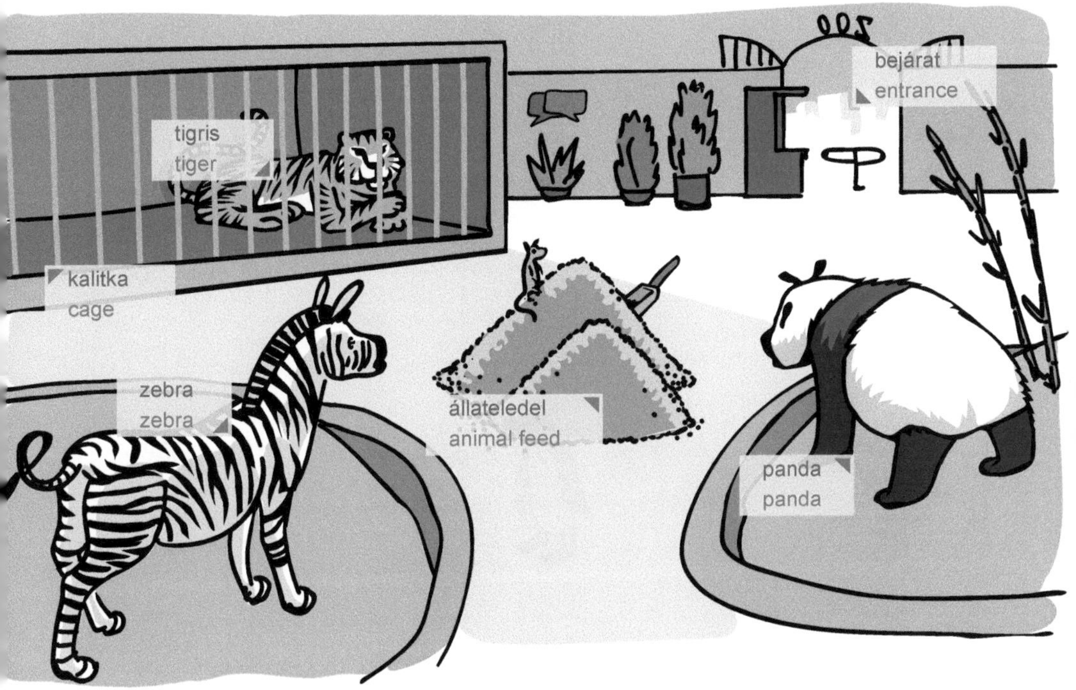

ZOO
bejárat
entrance
tigris
tiger
kalitka
cage
zebra
zebra
állateledel
animal feed
panda
panda

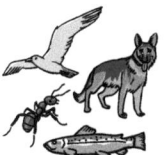

állatok

animals

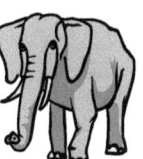

elefánt

elephant

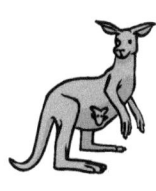

kenguru

kangaroo

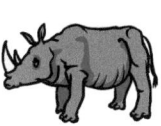

orrszarvú

rhino

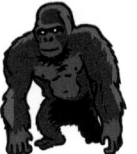

gorilla

gorilla

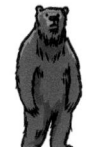

medve

bear

teve

camel

strucc

ostrich

oroszlán

lion

majom

monkey

flamingó

flamingo

papagáj

parrot

jegesmedve

polar bear

pingvin

penguin

cápa

shark

páva

peacock

kígyó

snake

krokodil

crocodile

állatgondozó

zookeeper

fóka

seal

jaguár

jaguar

póniló
pony

leopárd
leopard

víziló
hippo

zsiráf
giraffe

sas
eagle

vaddisznó
boar

hal
fish

teknős
turtle

rozmár
walrus

róka
fox

gazella
gazelle

amerikai futball
American football

kerékpározás
cycling

tenisz
tennis

kosárlabda
basketball

úszás
swimming

boksz
boxing

jégkorong
ice hockey

futball
soccer

tollas
badminton

atlétika
athletics

kézilabda
handball

síelés
skiing

lovaspóló
polo

ugrani
jump

nevetni
laugh

ölelni
hug

sétálni
walk

énekelni
sing

álmodni
dream

dicsérni
pray

csókolni
kiss

írni
write

rajzolni
draw

mutatni
show

tolni
push

adni
give

vinni
take

birtokolni
have

csinálni
do

lenni
be

állni
stand

futni
run

húzni
pull

hajít
throw

esni
fall

hazudni
lie

várni
wait

vinni
carry

ülni
sit

felvenni
get dressed

aludni
sleep

felébredni
wake up

ránézni

look at

sírni

cry

simogat

stroke

fésülni

comb

beszélni

talk

megérteni

understand

kérdezni

ask

hallgatni

listen

inni

drink

enni

eat

takarítani

tidy up

szeretni

love

főzni

cook

vezetni

drive

szállni

fly

vitorlázni

sail

számol

calculate

olvasni

read

tanulni

learn

dolgozni

work

házasodni

marry

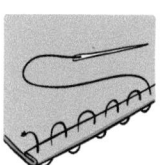

varrni

sew

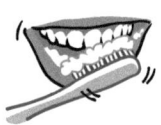

fogat mosni

brush teeth

ölni

kill

dohányozni

smoke

küldeni

send

család

family

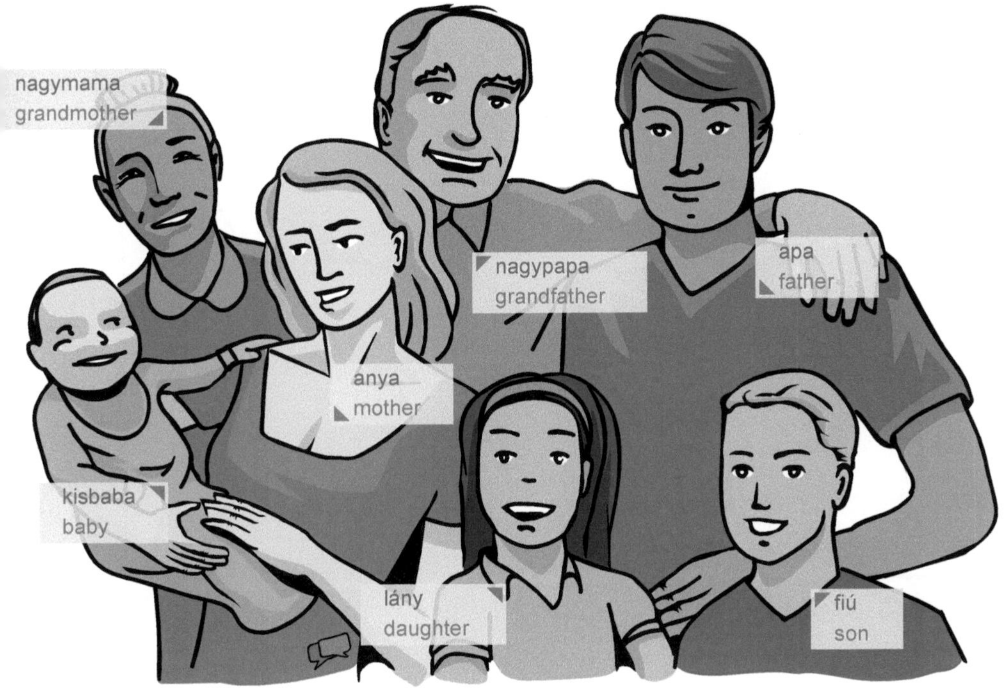
nagymama
grandmother
nagypapa
grandfather
apa
father
anya
mother
kisbaba
baby
lány
daughter
fiú
son

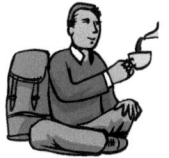

vendég

guest

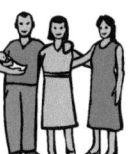

nagynéni

aunt

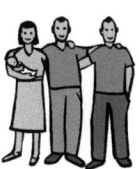

nagybácsi

uncle

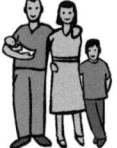

fiútestvér

brother

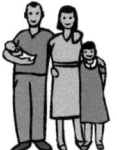

lánytestvér

sister

test

body

homlok
forehead
szem
eye
váll
shoulder
ujj
finger
arc
face
áll
chin
kéz
hand
láb
leg
mell
breast
kar
arm

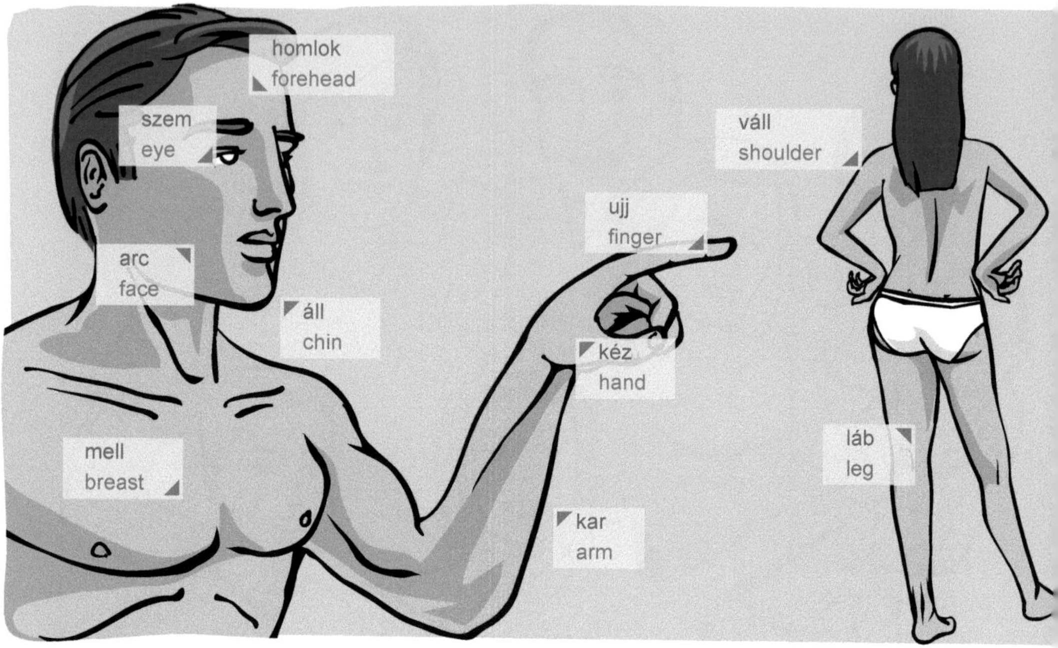

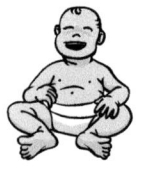

kisbaba

baby

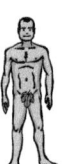

ember

man

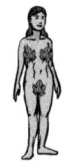

nő

woman

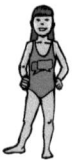

lány

girl

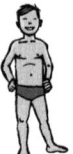

fiú

boy

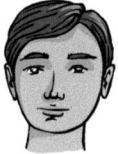

fej

head

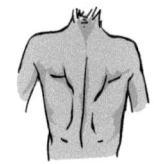

hát

back

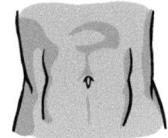

has

belly

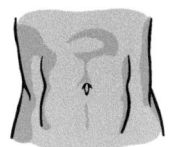

köldök

navel

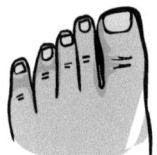

lábujj

toe

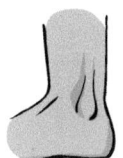

sarok

heel

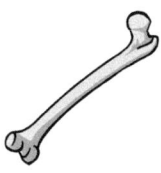

csont

bone

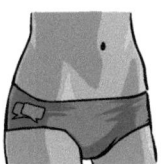

csípő

hip

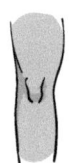

térd

knee

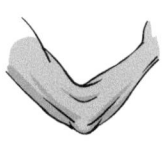

könyök

elbow

orr

nose

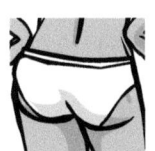

fenék

buttocks

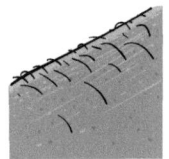

bőr

skin

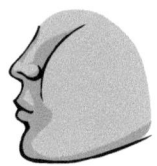

orca

cheek

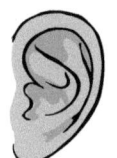

fül

ear

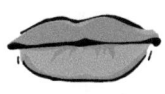

ajak

lip

száj

mouth

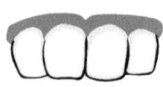

fog

tooth

nyelv

tongue

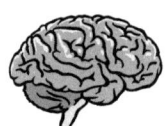

agy

brain

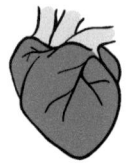

szív

heart

izom

muscle

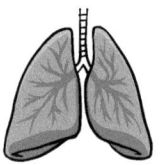

tüdő

lung

máj

liver

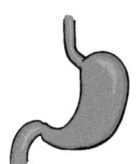

gyomor

stomach

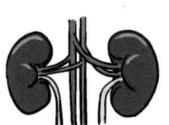

vese

kidneys

szex

sex

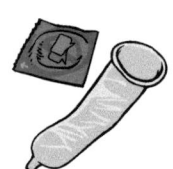

kondom

condom

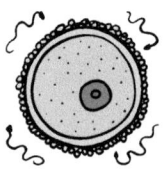

petesejt

ovum

sperma

semen

terhesség

pregnancy

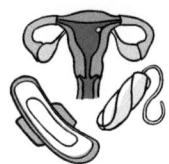

menstruáció

menstruation

vagina

vagina

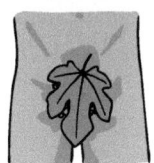

pénisz

penis

szemöldök

eyebrow

haj

hair

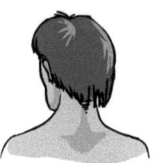

nyak

neck

kórház
hospital

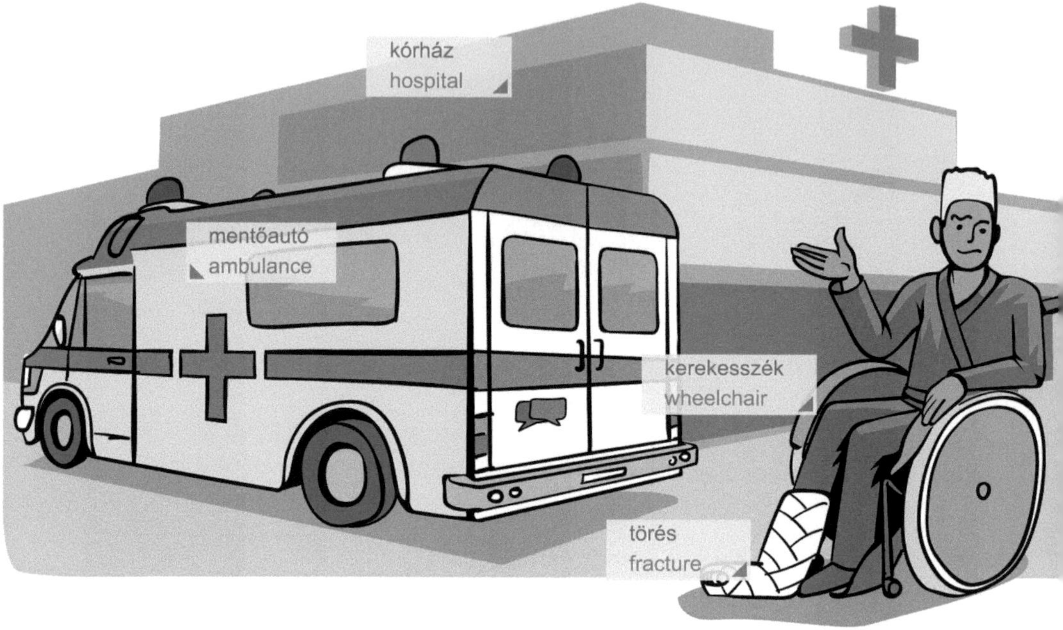

kórház
hospital
mentőautó
ambulance
kerekesszék
wheelchair
törés
fracture

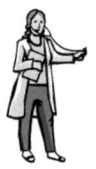

orvos

doctor

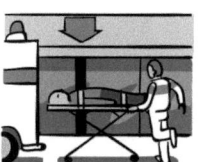

sürgősségi osztály

emergency room

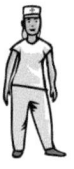

ápoló

nurse

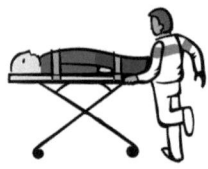

vészhelyzet

emergency

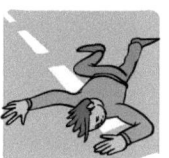

eszméletlen

unconscious

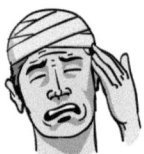

fájdalom

pain

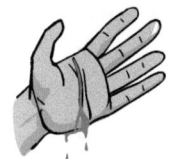

sérülés

injury

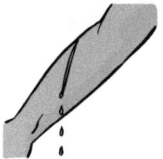

vérzés

bleeding

szívroham

heart attack

szélütés

stroke

allergia

allergy

köhögés

cough

láz

fever

influenza

flu

hasmenés

diarrhea

fejfájás

headache

rák

cancer

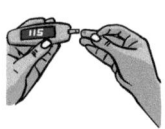

cukorbetegség

diabetes

sebész

surgeon

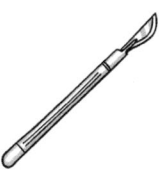

szike

scalpel

műtét

operation

kórház - hospital

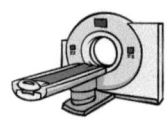

CT
CT

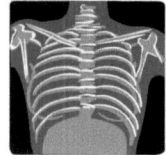

röntgen
x-ray

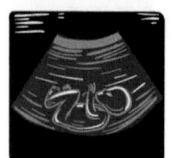

ultrahang
ultrasound

arcmaszk
face mask

betegség
disease

váróterem
waiting room

mankó
crutch

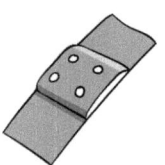

sebtapasz
plaster

kötszer
bandage

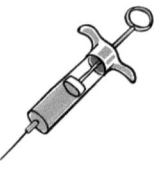

injekció
injection

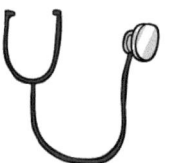

sztetoszkóp
stethoscope

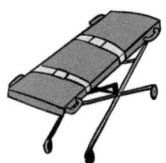

hordágy
stretcher

klinikai hőmérő
clinical thermometer

születés
birth

túlsúly
overweight

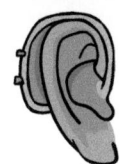

hallókészülék

hearing aid

fertőtlenítőszer

disinfectant

fertőzés

infection

vírus

virus

HIV/AIDS

HIV / AIDS

orvosság

medicine

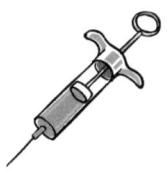

oltás

vaccination

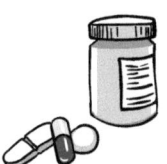

tabletták

tablets

tabletta

pill

sürgősségi hívás

emergency call

vérnyomásmérő

blood pressure monitor

betegség / egészség

ill / healthy

kórház - hospital

Segítség!

Help!

riasztás

alarm

rajtaütés

assault

támadás

attack

veszély

danger

vészkijárat

emergency exit

tűz!

Fire!

tűzoltókészülék

fire extinguisher

baleset

accident

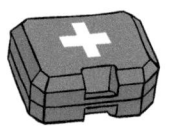

elsősegélycsomag

first-aid kit

SOS

SOS

rendőrség

police

Európa

Europe

Észak-Amerika

North America

Dél-Amerika

South America

Afrika

Africa

Ázsia

Asia

Ausztrália

Australia

Atlanti-óceán

Atlantic

Csendes-óceán

Pacific

Indiai-óceán

Indian Ocean

Déli-óceán

Antarctic Ocean

Jeges-tenger

Arctic Ocean

Északi-sark

North pole

Déli-sark

South pole

Antarktisz

Antarctica

föld

earth

szárazföld

land

tenger

sea

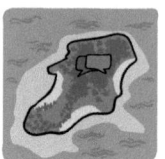

sziget

island

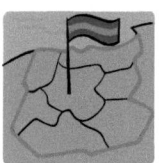

nemzet

nation

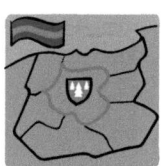

állam

state

számlap

clock face

kismutató

hour hand

nagymutató

minute hand

másodpercmutató

second hand

Mennyi az idő?

What time is it?

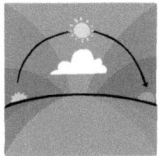

nap

day

idő

time

most

now

digitális óra

digital watch

perc

minute

óra

hour

hét

week

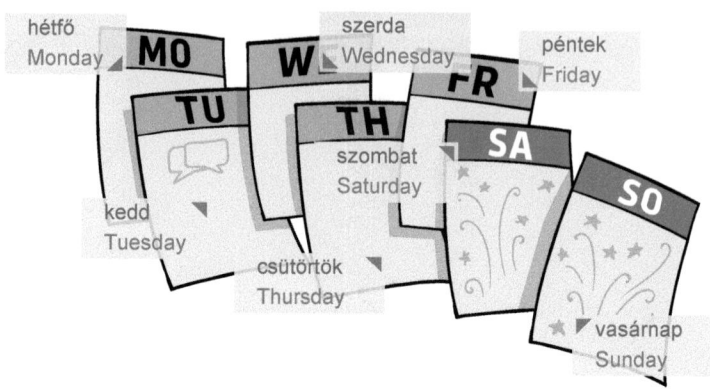

hétfő — Monday
szerda — Wednesday
péntek — Friday
kedd — Tuesday
szombat — Saturday
csütörtök — Thursday
vasárnap — Sunday

tegnap

yesterday

ma

today

holnap

tomorrow

reggel

morning

dél

noon

este

evening

MO	TU	WE	TH	FR	SA	SU
1	2	3	4	5	6	7
8	9	10	11	12	13	14
15	16	17	18	19	20	21
22	23	24	25	26	27	28
29	30	31	1	2	3	4

hétköznap

workdays

MO	TU	WE	TH	FR	SA	SU
1	2	3	4	5	6	7
8	9	10	11	12	13	14
15	16	17	18	19	20	21
22	23	24	25	26	27	28
29	30	31	1	2	3	4

hétvége

weekend

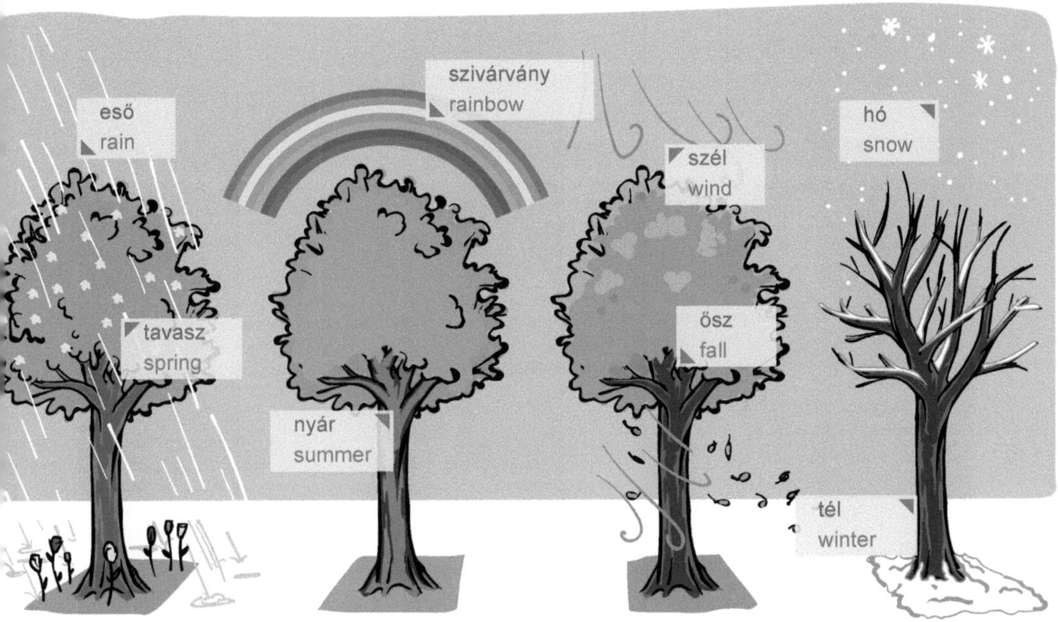

eső
rain

szivárvány
rainbow

szél
wind

hó
snow

tavasz
spring

ősz
fall

nyár
summer

tél
winter

4.APRIL	11°
5.APRIL	4°
6.APRIL	13°
7.APRIL	8°
8.APRIL	10°

időjárás előrejelzés
....
weather forecast

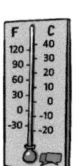

hőmérő
....
thermometer

napsütés
....
sunshine

felhő
....
cloud

köd
....
fog

páratartalom
....
humidity

villámlás

lightning

mennydörgés

thunder

vihar

storm

jégeső

hail

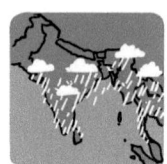

monszun

monsoon

áradás

flood

jég

ice

január

January

február

February

március

March

április

April

május

May

június

June

július

July

augusztus

August

év - year

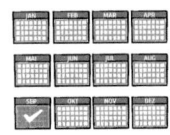

szeptember

September

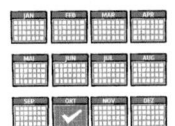

október

October

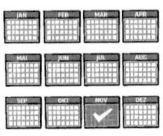

november

November

december

December

kör

circle

négyzet

square

téglalap

rectangle

háromszög

triangle

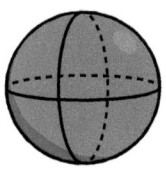

gömb

sphere

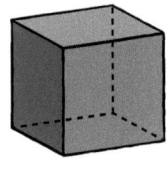

kocka

cube

fehér

white

sárga

yellow

narancs

orange

rózsaszín

pink

piros

red

lila

purple

kék

blue

zöld

green

barna

brown

szürke

gray

fekete

black

sok / kevés

a lot / a little

mérges / nyugodt

angry / calm

szép / csúnya

beautiful / ugly

kezdet / vég

beginning / end

nagy / kicsi

big / small

világos / sötét

bright / dark

fivér / nővér

brother / sister

tiszta / koszos

clean / dirty

teljes / nem teljes

complete / incomplete

nappal / éjszaka

day / night

halott / élő

dead / alive

széles / keskeny

wide / narrow

ehető / nem ehető

edible / inedible

gonosz / kedves

evil / kind

izgatott / unott

excited / bored

kövér / vékony

fat / thin

első / utolsó

first / last

barát / ellenség

friend / enemy

teli / üres

full / empty

kemény / puha

hard / soft

nehéz / könnyű

heavy / light

éhség / szomjúság

hunger / thirst

betegség / egészség

ill / healthy

illegális / legális

illegal / legal

intelligens / buta

intelligent / stupid

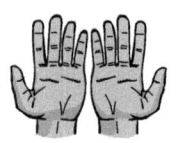

bal / jobb

left / right

közel / távol

near / far

új / használt
new / used

semmi / valami
nothing / something

idős / fiatal
old / young

be / ki
on / off

nyitva / zárva
open / closed

csendes / hangos
quiet / loud

gazdag / szegény
rich / poor

helyes / helytelen
right / wrong

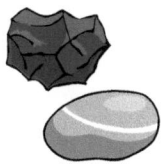

érdes / sima
rough / smooth

szomorú / vidám
sad / happy

rövid / hosszú
short / long

lassú / gyors
slow / fast

nedves / száraz
wet / dry

meleg / hideg
warm / cool

háború / béke
war / peace

0

nulla

zero

1

egy

one

2

kettő

two

3

három

three

4

négy

four

5

öt

five

6

hat

six

7

hét

seven

8

nyolc

eight

9

kilenc

nine

10

tíz

ten

11

tizenegy

eleven

12

tizenkettő

twelve

13

tizenhárom

thirteen

14

tizennégy

fourteen

15

tizenöt

fifteen

16

tizenhat

sixteen

17

tizenhét

seventeen

18

tizennyolc

eighteen

19

tizenkilenc

nineteen

20

húsz

twenty

100

száz

hundred

1.000

ezer

thousand

1.000.000

millió

million

angol

English

amerikai angol

American English

mandarin kínai

Chinese Mandarin

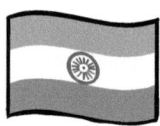

hindi

Hindi

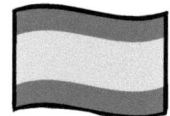

spanyol

Spanish

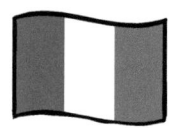

francia

French

arab

Arabic

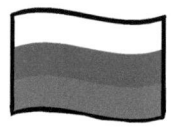

orosz

Russian

portugál

Portuguese

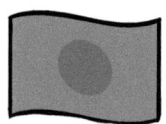

bengáli

Bengali

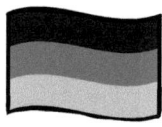

német

German

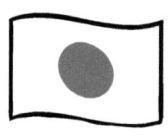

japán

Japanese

én
I

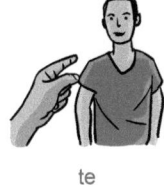

te
you

ő
he / she / it

mi
we

ti
you

ők
they

ki?
who?

mi?
what?

hogyan?
how?

hol?
where?

mikor?
when?

név
name

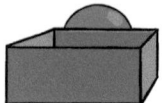

mögött
....
behind

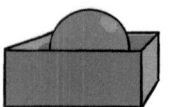

benne
....
in

elötte
....
in front of

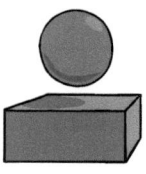

felette
....
over

rajta
....
on

alatta
....
under

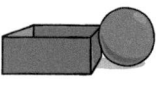

mellett
....
beside

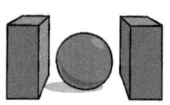

között
....
between

hely
....
place